Rekru-Tier
www.rekrutier.de

„Sorgen Sie als Sponsor dafür,
dass Ihre neuen Leute
etwas zu verlieren haben!"

Rekru-Tier
MLM Trickkiste

Tiefenduplikation

So machen Sie Ihren Partnern richtig Feuer unter dem Hintern

Inhalt

Vorwort

Liebe Networker, liebe Vertriebler,
bei unseren Recruiting-Tipps handelt es sich um über mehrere Jahre gesammelte Strategien und Vorgehensweisen, die wir allesamt persönlich und erfolgreich in der Praxis ausprobiert haben und von deren Gelingen wir fest überzeugt sind.

Sehen Sie unsere Ideen als Inspiration für Ihr eigenes Tun und lassen Sie sich mitreißen von neuen und erfrischenden Gedanken. Wir wissen mittlerweile aus eigener Erfahrung, dass beim Geschäftspartneraufbau in Vertrieb und MLM nicht nur Fleiß und Arbeit mittel- und langfristig zum Erfolg führen, sondern vor allem Fantasie und Vorstellungskraft sowie die Anwendung von neuen Strategien – manchmal auch von ungewöhnlichen und „bauernschlauen" Strategien!

Gerade beim Rekrutieren und Sponsern von neuen Partnern sind wir jeden Tag und immer wieder aufs Neue gefordert, denn es gibt unheimlich viele Variablen, die über Erfolg und Misserfolg entscheiden können. Der Grat zwischen Triumph und Niederlage ist ziemlich schmal, denn bei der Arbeit mit Menschen gibt es relativ wenige Standards.

Wer die Menschen von heute mit den Strategien von gestern oder gar vorgestern gewinnen will, wird relativ schnell an seine Grenzen kommen. Bleiben Sie deshalb ständig in Bewegung und entwickeln Sie sich mit!

Bitte beachten Sie Folgendes:
Was bei dem einen funktioniert, kann beim anderen wirkungslos bleiben.

Genau das macht das Gewinnen von neuen Geschäftspartnern so interessant und oftmals auch zu einer Herausforderung. Wir haben es bei Menschen immer wieder mit vollkommen verschiedenen Persönlichkeitstypen zu tun, Lebensumstände sind niemals gleich, Ort und Zeit einem schnellen Wandel unterlegen, und das, was gestern noch funktioniert hat, ist heute schon Schnee von gestern oder umgekehrt.

Deswegen müssen wir immer wieder „unsere Säge" schärfen, über den Tellerrand hinausblicken und vor allem in der Praxis TUN und ausprobieren, was zu uns passt!

Und es gibt noch einen sehr wichtigen Aspekt, vielleicht sogar den wichtigsten, den Sie sich bei Ihrer Arbeit immer wieder vor Augen halten müssen.

Beim Rekrutieren und Sponsern entscheidet nicht die angewandte Methode darüber, ob etwas funktioniert oder nicht, sondern der- oder diejenige, die sie kontinuierlich und mit Überzeugung anwendet.

Wir wünschen Ihnen von ganzem Herzen, dass Sie mit unserer Hilfe eine Recruiting-Strategie finden, die zu Ihnen passt, mit der Sie sich identifizieren können und die Sie erfolgreich im Tagesgeschäft anwenden werden!

Kontaktstark grüßt Sie Ihr REKRU-Tier
Tobias Schlosser

Gründe für hohe Fluktuation im Network-Marketing

Ich möchte nicht gleich zu Beginn dieses Büchleins Luftschlösser bei Ihnen zerstören.

Wenn man aber die enorme Wichtigkeit, den Sinn und die dringende Notwendigkeit der „Tiefenduplikation", also des vertikalen Wachstums von MLM-Strukturen oder Downlines, verstehen möchte, muss man sich mit folgender, viel diskutierter Frage beschäftigen:
Warum fluktuieren beziehungsweise scheitern weit mehr als 80 Prozent aller Neueinsteiger im MLM oder Strukturvertrieb schon nach weniger als einem halben Jahr? Und was noch viel wichtiger ist: Muss das so sein oder gibt es Möglichkeiten, dies zu verhindern?

Man könnte auch sagen, wir gehen das Thema einmal aus der Sicht einer Unternehmensberatung an, die dieses Szenario analysiert und Lösungen zur Verbesserung finden soll. Wir befragen dazu logischerweise Menschen, die in der Network-Industrie arbeiten und ihre Erfahrungen gemacht haben. Von denen sind mit Sicherheit Informationen zu bekommen, die dabei helfen, dem Problem auf den Grund zu gehen.

Mit der Beantwortung dieser Frage möchte ich noch etwas bewirken. Ich will einen echten Bedarf bei Ihnen schaffen, sich in Zukunft sehr intensiv mit diesem **„lebenserhaltenden Thema"** im MLM zu beschäftigen. Vielleicht ist es sogar Ihr eigenes MLM- oder Vertriebsleben, das mit der Bewältigung dieser Herausforderung steht oder auch fällt?

Wie gesagt, wir sprechen vom Tiefenaufbau oder auch der Tiefenduplikation Ihrer Struktur oder Downline!

Wenn wir nun in der Network-Industrie Antworten auf die am Anfang gestellte Frage sammeln, dann bekommen wir als Ergebnis eine Bandbreite an Gründen für die relativ hohe Fluktuation.

Die nachfolgenden Antworten wurden auf unseren Seminaren und Workshops zusammengetragen. Sie stammen sowohl von langjährig gedienten Network-Profis als auch von blutigen Anfängern.

Im Folgenden liste ich die am häufigsten genannten Gründe auf.

Viele Neueinsteiger

- haben „schlechte" Erfahrungen gemacht (was auch immer das sein mag)

- haben mit den falschen Leuten gesprochen

- haben mit den richtigen Leuten zur falschen Zeit gesprochen

- waren nicht fleißig genug

- waren nicht motiviert

- waren zeitlich überlastet

- hatten keinen Biss, ihnen fehlte das Durchhaltevermögen oder das Gewinner-Gen

- sagen, ihnen fehlte ein echtes WARUM, das heißt, sie hatten keine echten und ehrlichen Ziele

- sind von ihrem persönlichen Umfeld negativ beeinflusst worden

- haben kein Geld verdient.

So könnte man die Liste unendlich fortsetzen, wenn man intensiv weiterfragen würde.

Die meisten Starter hängen ihre Tätigkeit an den Nagel, noch bevor sie richtig begonnen haben. Sie verbuchen ihren kleinen Testausflug in die Network-Marketing-Branche als „nicht erfolgreich"!

Sie beenden die Tätigkeit mit Aussagen wie:
- *Das war nicht das Richtige für mich!*
- *Das ist nicht meine Branche!*
- *Ich habe es versucht, aber es sollte nicht sein!*

– oder so ähnlich.

So weit der Stand der Dinge.

Aber muss das so sein? Sind das wirklich die einzigen Gründe für das Scheitern, oder gibt es noch andere Ursachen? Glaubt man der einschlägigen Meinung vieler Führungskräfte und Branchenkenner, so sollte man sich damit abfinden, dass es nun einmal in der Natur dieses Systems liegt, dass die Mehrheit der Leute im Network-Marketing wieder aussteigt und die Fluktuation relativ hoch ist. Auch in anderen Bereichen ist nur ein geringer Prozentsatz erfolgreich: Schließlich scheitern 60 Prozent aller Jurastudenten im Laufe des Studiums. Bei den einschlägigen Casting-Shows wird nur einer von Tausenden zum Superstar. Und nicht jeder, der Fußball spielt, wird einmal Profi. Also, kein Grund zur Besorgnis, geschweige denn dafür, etwas zu ändern oder zu hinterfragen. Es ist doch auf den ersten Blick alles ganz normal und genauso wie in anderen Branchen.

Gute Einarbeitung verhindert Flucht neuer Vertriebspartner

Man sollte sich aber auch einmal die andere Seite der Medaille betrachten. Die Wahrheit ist zum Beispiel aus führungstechnischer Sicht eine ganz andere. Ein weiterer, nicht unerheblicher Grund für die hohe Fluktuation ist der, dass neue Vertriebspartner von führungsschwachen „Führungskräften" eingearbeitet wurden, das heißt: gar nicht!

Was meine ich damit? Ganz einfach, ich will Ihnen verdeutlichen, dass es nicht immer nur an den Neueinsteigern liegt, wenn sie nicht erfolgreich werden, sondern in vielen Fällen an deren mangelnder Einarbeitung. Besonders problematisch ist es, wenn ein Strukturunterbau („Downline") fehlt, der zwingend schon in den ersten Wochen und Monaten der Tätigkeit im MLM entstehen sollte.

Warum das so ist, ist ganz einfach erklärt.
Dieser Strukturaufbau sollte, und das ist meine feste Meinung, nicht vom Neustarter selbst aufgebaut werden müssen (weil er meistens gar nicht in der Lage dazu ist), sondern möglichst von der übergeordneten Führungskraft! Nämlich von Ihnen!

Das Prinzip ist sehr einfach: Übernehmen Sie als Führungskraft (das sind Sie im MLM übrigens, ob Sie wollen oder nicht, sobald Sie Ihren ersten Partner eingeschrieben haben) die Verantwortung für den Strukturunterbau Ihrer Neueinsteiger, denn Sie tun sich damit selbst den größten Gefallen. Sorgen Sie dafür, dass es Ihrem neuen Partner schwerfällt aufzuhören. Ja, ganz genau! Ich gehe sogar noch ein Stück weiter:

Sorgen Sie als Sponsor dafür, dass Ihre neuen Leute etwas zu verlieren haben.

An dieser Stelle möchte ich mit einem kleinen Bilderrätsel Ihre Fantasie ein wenig anregen. Welchem der beiden Partner fällt es nach drei Monaten ohne durchschlagende finanzielle Erfolge schwerer, wieder aufzuhören?

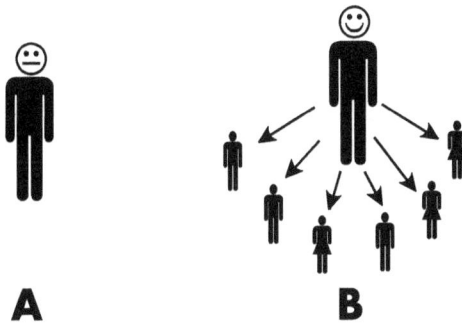

A   **B**

**Wer eine Struktur
oder eine Downline hat,
der geht nicht
einfach so
nach kurzer Zeit,
denn er hat etwas
zu verlieren!**

Ich denke, die meisten von Ihnen haben instinktiv auf den Kollegen B getippt, und das ist richtig. Warum das so ist, ist auch klar: Er hat zwar genau wie sein Kollege A noch nichts verdient, aber zumindest hat er schon einmal eine kleine Downline von Geschäftspartnern und damit ein kleines, wenn auch überschaubares Geschäft unter sich, welches er bei Aufgabe seiner Tätigkeit verlieren würde.

Die alles entscheidende Frage ist nun, wie kommt Partner B nach drei Monaten zu dieser Downline mit sechs Geschäftspartnern? Was hat er anders gemacht oder besser noch, was wurde mit ihm anders gemacht als mit Partner A?

Ich weiß es nicht genau, aber vielleicht hatte Geschäftspartner B eine sehr fähige, unternehmerisch denkende und clevere Führungskraft, deren Strategie es von Beginn an war, dem neuen Geschäftspartner zeitnah die ersten eigenen Partner aus dessen Namensliste unterzustrukturieren und auf diese Weise dafür zu sorgen, dass es dem „Neuen" bei eventueller Erfolglosigkeit nicht so leicht fallen würde zu gehen.

Schauen Sie sich bitte noch einmal kurz Beispiel B in der Grafik an. Dieser Kollege hat bereits eine kleine „Firma" unter sich und sieht deswegen einen

Lichtstreif am Horizont, auch wenn anfangs der finanzielle Erfolg ausbleibt. Zwar einen kleinen, aber immerhin!

Wenn man dies in der Praxis tatsächlich so umsetzen würde, würde das bedeuten, dass Geschäftsaufbau und Fluktuation in Zukunft nicht mehr dem Zufall überlassen werden müssen, sondern dass diese Punkte von Ihnen als einarbeitender Führungskraft gesteuert werden können.

Das würde aber auch heißen, dass die Verantwortung für Erfolg zwar schon bei den Neueinsteigern selbst liegt, dass aber Führungskräfte in großem Maße den Erfolg ihrer neuen Partner mitbeeinflussen können, ja sogar müssen.
Es ist zwar immer leichter, die Verantwortung abzugeben, weil die Schuld für das Scheitern schnell bei anderen gefunden wird. Aber denken Sie bitte daran:

Es gibt keine unfähigen Indianer, es gibt nur unfähige Häuptlinge!

Aus meiner heutigen Erfahrung fangen von zehn Neueinsteigern acht nicht von selbst an, das Geschäft proaktiv zu betreiben. Wer das immer noch glaubt, der tut mir leid. Acht von zehn sind nun einmal nicht die Machertypen, die selbst durchstarten, die belastbar sind, die sich organisieren können, die Rückschläge einfach so wegstecken und sagen: „Ich muss nur einmal mehr aufstehen, als ich hinfalle!"

Nein, im Gegenteil. Die meisten Starter kommen aus einem Angestelltenverhältnis und haben überhaupt keine Ahnung von selbstständiger Arbeitsweise. Sie sind gewohnt, nur das zu tun, was ihnen aufgetragen wurde, und haben oftmals überhaupt keinen „eigenen Motor"! Das kommt in der Regel daher, weil sie bei ihrer bisherigen Tätigkeit oder im Hauptjob einen Chef oder eine Führungskraft hatten beziehungsweise haben, der oder die für sie denkt!
Diese Aussage ist überhaupt nicht böse gemeint und völlig wertfrei zu sehen, aber selbst wenn die Neulinge hoch motiviert sind und auch wollen, können sie es oft einfach nicht. Sie wissen nämlich gar nicht, was und wie und vor allem wann sie etwas zu tun haben. Warum? In der Selbstständigkeit fehlt der Chef und eine führende Hand, die die Richtung weist!

Fakt ist:
Viele Neulinge steigen wieder aus, weil sie unfähige Führungskräfte hatten, die nicht in der

Lage waren, den oder die „Neue" strukturiert einzuarbeiten!

Oder besser noch:
Sie steigen wieder aus, weil sie nichts zu verlieren haben! Weil es nicht wehtut, wieder aufzuhören!

Ich möchte die „Tiefenduplikation" an dieser Stelle noch detaillierter und vor allem praxisnah darstellen. Deshalb werde ich die für mich intensivste Erfahrung mit dem Thema für Sie als Leser noch einmal nachkonstruieren. Für mich ist es das positivste Beispiel, von dem ich berichten kann. Ich beschreibe es deswegen auf unseren Veranstaltungen immer als mein persönliches vertriebliches Meisterstück.

Beispiel für ein vertriebliches Meisterstück

Nachdem ich schon einige Jahre durchschnittlich erfolgreich im Strukturvertrieb für Finanzdienstleistungen tätig war, entschied ich mich aus verschiedenen persönlichen Gründen für einen regionalen Wechsel von Leipzig nach München, um dort Strukturen aufzubauen.

Ich möchte hier anmerken, dass das Geschäft bis dato ganz gut funktionierte, aber das Thema „Tiefenaufbau" von Strukturen oder ganzen Downlines immer wieder sehr herausfordernd war. Nicht nur für mich, sondern auch für alle meine Kolleginnen und Kollegen. Es kam zwar vor, dass der eine oder andere neue Geschäftspartner unmittelbar nach seinem Start gleich wieder neue Partner selbst rekrutierte, aber irgendwie ging es, wenn überhaupt, immer sehr langsam. Es verging jedes Mal sehr viel Zeit. Es kam nie zu einem Momentum, nicht einmal zu einer richtigen Dynamik. Nur ganz selten bauten sich Strukturen in die zweite oder dritte Generation auf. Geschweige denn tiefer.
Tatsächlich war es eher so, dass Führungskräfte zwar neue Partner für eine Zusammenarbeit gewannen,

aus diesem Duo aber fast nie ein Trio oder ein Quartett, geschweige denn eine ganze Mannschaft wurde. Nein, ganz im Gegenteil. Das Duo entwickelte sich häufig – so war es meistens auch bei mir der Fall – wieder zur One-Man-Show, will heißen, der neue Partner fluktuierte nach kurzer Zeit, die Führungskraft stand wieder alleine da und das ganze Spiel ging von vorne los!

Kontaktieren, terminieren, rekrutieren, einarbeiten, zittern ...!

So weit zum Stand der Dinge bis dahin. Nun zu einem sehr schönen Erlebnis!

Kaum in München angekommen, versäumte ich keine Zeit und machte – wie viele von euch bereits wissen – schon an den ersten drei Tagen in der bayerischen Hauptstadt 75 neue Direktkontakte.

Einer der ersten Geschäftspartner, die ich in Bayern gewinnen konnte, war der damals 19-jährige Abiturient Rainer von Massenbach – heute allgemein bekannt als "RvM" –, den ich in der Fußgängerzone kontaktiert hatte. Ich rekrutierte ihn im persönlichen Gespräch, begeisterte ihn für eine Zusammenarbeit und meldete ihn für unsere Geschäftspräsentation an.

Nachdem wir zusammen unser Wochenendseminar besucht hatten und er von der Veranstaltung so begeistert war, dass er unbedingt starten wollte, machte ich – so wie ich es gelernt hatte – eine Startbesprechung mit ihm, wir notierten seine Ziele und erarbeiteten seine persönliche Namensliste, so wie es das Lehrbuch vorschrieb.

Anschließend motivierte ich ihn bis in die Fußspitzen, aus der Begeisterung heraus die ersten Termine für Beratungsgespräche mit Freunden, Bekannten oder Familie zu machen. (Kurze Anmerkung: Ziel war es, mit jedem neuen Partner zuerst das notwendige Eigenumsatzvolumen zu vermitteln/verkaufen und schnellstmöglich dafür zu sorgen, dass der erste Umsatz gezeichnet wurde. Optimal war es, wenn der neue Partner schon im zweiten Monat der Zusammenarbeit einen kleinen Provisionsscheck bekam und damit den Beweis dafür, dass das Geschäft auch für ihn funktioniert. Übrigens hat sich daran bis heute nichts geändert.)

Egal, ob Network-Marketing oder Strukturvertrieb, die Menschen brauchen handfeste Beweise dafür, dass das Geschäft für sie funktioniert und nicht nur für andere. Der beste Beweis ist und bleibt eine Abrechnung oder ein Scheck, auf dem steht, wie viel verdient wurde. Cash ist in diesem Fall immer besser und motivierender als das „blumige Gerede" von Sponsor oder Führungskraft. Diese erste Abrechnung sollte also optimalerweise nicht erst nach sechs Monaten kommen, sondern bereits im zweiten Monat nach Geschäftsstart. So sah auch bei uns der damalige Plan aus!

Die erste Bewährungsprobe unserer noch frischen Zusammenarbeit hatten Rainer und ich gleich zu Beginn zu meistern.

Zwar war die Motivation, Geld zu verdienen und etwas zu erreichen, bei ihm riesengroß, allerdings gab es bei den ersten Telefonversuchen auch gleich massive Bedenken seinerseits. Sobald es darum ging, die ersten Leute zu kontaktieren, kamen bei ihm einige Zweifel auf. Er war sich plötzlich gar nicht mehr so sicher, mit wem er zuerst sprechen sollte, auch wollte er sich erst noch intensiver mit dem Thema beschäftigen, bevor er die ersten Gespräche führte. Außerdem löcherte er mich mit vielen Fragen zu den Produkten und wollte wissen, ob die denn tatsächlich auch „die besten" am Markt seien. Last but not least wollte er den Geschäftspartnervertrag noch gründlich studieren und erst vom Familienanwalt prüfen lassen, bevor er so richtig loslegte.

Sie können sich sicherlich vorstellen, wie ich mich jetzt als Führungskraft fühlte. Bis dahin schien alles

super zu laufen und dann plötzlich das! Die Iden-
tifikation mit unseren Produkten schien tatsächlich
noch nicht auszureichen, um bei Rainer die nötige
Energie freizusetzen und unsere Top-Produkte in
seinem Bekanntenkreis mit meiner Hilfe vorzustellen. Ich war in diesem Moment sehr deprimiert, da
meine Erwartungen an meinen neuen Partner riesengroß gewesen waren, so wie das wahrscheinlich
bei jedem Networker ist.

Hätte ich damals schon folgenden Spruch gekannt,
hätte er mir in jener Situation mit Sicherheit weiter-
geholfen:

*Selig sind die, die nichts erwarten, denn Sie sol-
len auch nicht enttäuscht werden!*

So weit zur damaligen Lage. Nichts ging mehr an
jenem Tag. Wir hatten eine totale emotionale Blo-
ckade.
Am Abend telefonierte ich, wie an jedem Tag, mit
meinem Coach und klagte ihm mein Leid. Ich sagte,
dass Rainer, mein erster Geschäftspartner in München, zwar äußerst motiviert sei, dass ich es aber aus
den oben bereits genannten Gründen nicht hinbekommen würde, dass er Termine für die ersten Produktpräsentationen vereinbarte.

Wir unterhielten uns außerdem darüber, wie wichtig es für neue Partner sei, sofort mit der Arbeit loszulegen, und darüber, dass ich gerne mit Rainer Umsatz bewirkt hätte, weil auch ich dringend Einnahmen nötig hatte.

Mein Coach lobte mich, weil ich mich so vorbildlich an unsere Einarbeitungsstatute hielt.

Zusätzlich sagte er:
Tobi, alles ist gut, nicht verkrampfen! Was hältst du von folgender Idee? Sprich doch ab morgen mit Rainer überhaupt nicht mehr über Produkte, Produktpräsentationen oder Beratungsgespräche, sondern nur noch über die Themen Geldverdienen, Firmenaufbau und seine zukünftige Rolle als Jungunternehmer und Führungskraft und natürlich seine ersten Geschäftspartner. Schreib zusammen mit ihm seine persönliche Namensliste und unterhalte dich mit ihm ausschließlich über talentierte, kommunikative, dienstleistungsorientierte, positiv verrückte und unternehmerisch denkende Menschen, die er kennt! Solche Leute sind ja die idealen Kandidaten für eine geschäftliche Zusammenarbeit. Sieh zu, dass du ihm möglichst schnell den ersten Geschäftspartner unterstrukturierst, und lass den Umsatz völlig außen vor!

Ein wenig verdutzt antwortete ich:
Na ja, aber er braucht doch erst Umsatz, ich brauche auch Geld, und im Einarbeitungsleitfaden kommt doch der Geschäftspartneraufbau von den Prioritäten her erst nach dem Eigenumsatz!

Er sagte:
Tobi, vertrau mir, lass uns doch einmal etwas anders machen als sonst. Verkrampfe nicht und sei ihm nicht böse, dass er keine Termine für Produkte machen will, alles ist positiv. Setz dich morgen noch einmal mit ihm zusammen und frage ihn im persönlichen Gespräch, was für ihn wichtiger ist:

a) Kurzfristiger aktiver Verdienst durch Produktumsatz
oder

b) mittelfristig passiver Verdienst an den Umsätzen seiner ersten Teampartner und Geschäftsaufbau?

Einige von Ihnen erkennen an dieser Stelle sicher schon den Sinn dieser rhetorischen Frage.

Sie sollte einzig und allein dazu dienen, bei Rainer den Fokus von eventuellen Produktnutzern wegzu-

BINGO!

bringen und zu potenziellen Geschäftspartnern und Mitarbeitern hinzulenken.

Ich war zwar ein wenig skeptisch, vertraute aber meinem Coach und führte am nächsten Tag das Gespräch mit Rainer. Auf meine Frage, was für ihn wichtiger sei, schien ein Stein von seinem Herzen zu fallen und er antwortete wie aus der Pistole geschossen mit Option zwei. Für ihn sei es wesentlich wichtiger, mittelfristig passives Einkommen an und mit Geschäftspartnern zu erzielen.

Ich hatte erreicht, was ich wollte. Ich sagte zu Rainer, dass die Produktumsätze nicht ganz so wichtig seien und dass ich ihm dabei helfen würde, so schnell wie möglich die ersten Geschäftspartner/innen für ihn einzustellen, damit er möglichst zügig passives Einkommen aufbaue.

Ich sagte außerdem zu ihm:
Was deinen Eigenumsatz angeht, das bekommen wir schon irgendwie gebacken, da ergibt sich bestimmt die nächsten Tage etwas!

Noch am gleichen Abend begannen wir gemeinsam seine persönliche Namensliste zu optimieren und schafften es in mehrstündiger Arbeit tatsächlich, einige Dutzend Menschen aus seinem Bekanntenkreis auf dieser Liste zu verewigen. Nachdem wir die Namen qualifiziert (mit Zusatzinformationen und Kontaktdaten versehen) hatten, ging es nun darum, eventuell geeignete Kandidaten für eine geschäftliche Zusammenarbeit aus dieser Liste zu extrahieren.

An dieser Stelle möchte ich Sie dafür sensibilisieren, dass es unbedingt notwendig ist, solch eine persönliche Namensliste gemeinsam mit jedem neuen Geschäftspartner **„zu bewirken"**, da kaum ein Neustarter den Sinn und Nutzen dieser Liste von Beginn an selbst erkennt und diese zeitnah und professionell anfertigt.

Konkret bedeutet das für Sie als Sponsor oder Führungskraft, sich mit dem neuen Partner hinzusetzen und dieses Arbeitsinstrument kooperativ und visionär mit dem neuen Mitarbeiter zu erarbeiten. Die meisten Führungskräfte im MLM und Vertrieb ordnen die Liste autoritär an, so nach dem Motto: „Es ist wichtig, dass du eine Namensliste schreibst, die brauchen wir!"
Das ist der Weg, der nachweislich zu einem unbefriedigenden Ergebnis führt, denn die meisten Neustarter folgen dieser Anordnung leider nicht!

Merke: **Die Verantwortung, die persönliche Namensliste als Arbeitsinstrument gemeinsam mit dem neuen Geschäftspartner „zu bewirken", liegt bei der Führungskraft.**

Ich weiß ganz genau, dass jetzt einige unter Ihnen aufschreien und anmerken werden: „Aber die Liste muss der neue Partner selbst schreiben, wenn er/sie das nicht tut, dann ist er/sie nicht der/die Richtige für mich, dann hat er/sie nicht kapiert, welche großartige Geschäftsidee MLM darstellt!"

Diese Aussage ist sicherlich bedingt richtig und tatsächlich habe auch ich eine ganze Weile diese Ansicht vertreten. Allerdings hat mich das viel Geld und mit Sicherheit einige interessante Geschäftspartner gekostet …!

Wenn Sie das Thema Namensliste komplett in die Hände Ihrer neuen Partner legen und sich selbst nicht darum kümmern, dann können Sie lange warten, bis ordentliche Listen mit 150 bis 200 Namen geschrieben werden!

Im Fall von RvM habe ich mit viel Fingerspitzengefühl, einer Engelsgeduld, Überzeugungskraft und nicht zuletzt auch mehrstündigem Einsatz diese Namensliste bewirkt. Gemeinsam mit ihm habe ich 15 potenzielle Geschäftspartnervorschläge aus seiner

Liste herausgearbeitet. 15 Menschen, die er gerne in seinem Team haben wollte und von denen er der Meinung war, dass sie grundsätzlich unsere angesetzten Kriterien für eine geschäftliche Zusammenarbeit erfüllten.

Nachdem das erledigt war, telefonierte ich hoch motiviert mit meinem Coach und wir besprachen die weitere Strategie. Er sagte:
Leg dich richtig ins Zeug, setz dich am besten morgen mit dem Rainer hin und terminiere diese Leute auf ein Dreiergespräch, um unser Business vorzustellen!

Gesagt, getan, noch am nächsten Tag machte ich im Beisein von Rainer die Telefonate zur Terminvereinbarung. Mit folgendem Spruch terminierte ich einige Kandidaten:
Hallo, mein Name ist Tobias Schlosser, wir kennen uns nicht persönlich! Aber ich sitze gerade hier mit einem guten Bekannten von Ihnen, dem Rainer von Massenbach ...! Ich arbeite als Personalverantwortlicher für die Firma XYZ und bin gerade dabei, einen neuen Geschäftsbereich hier in der Region aufzubauen. Wir benötigen noch Personal in den unterschiedlichsten Bereichen und da sind wir spontan auch auf Sie zu sprechen gekommen. Der Rainer

von Massenbach sagt, Sie sind ein sehr kommuni-
kativer Mensch, der supergut mit Leuten umgehen
kann und wohl grundsätzlich immer ein offenes Ohr
für lukrative Jobs und Geschäftsideen hat! Ist das so-
weit korrekt :-)?
Konkret suchen wir Leute für den Aufbau eines gu-
ten Zusatzverdienstes im Bereich Teambetreuung,
Teamorganisation und mittelfristig auch im Ausbil-
dungs- und Coachingbereich. Der Rainer ist so von
Ihnen überzeugt, ich würde Sie gerne einmal per-
sönlich kennenlernen und mit Ihnen die Möglichkei-
ten einer geschäftlichen Zusammenarbeit bei freier
Zeiteinteilung und sehr guter Bezahlung bespre-
chen! Wann passt es bei Ihnen grundsätzlich bes-
ser? Eher am Anfang der nächsten Woche oder bes-
ser am Ende ...?

So waren wir einen Schritt weiter.
Nachdem der Termin vereinbart war, gab ich den
Hörer kurz an Rainer weiter, der seinem Bekannten
noch einmal versicherte, dass es um eine äußerst interessante und seriöse Geschäftsidee ging, und der
noch kurz die Wegbeschreibung für die Anfahrt zu
unseren Geschäftsräumen durchgab.

So weit, so gut. Wir schafften es tatsächlich, aus dem
Potenzial von 15 Namen sechs Termine für eine per-

sönliche Geschäftspräsentation mit seinen Bekannten zu vereinbaren.

Von diesen sechs Terminen interessierte sich doch tatsächlich ein junger Mann konkret für das, was wir taten. Sein Name war Tobias K., er war sehr begeistert von unseren Möglichkeiten. Ich meldete ihn im Erstgespräch zu unserer nächsten Geschäftspräsentation an. (Kurze Anmerkung: Unsere Geschäftspräsentation dauerte jeweils ein ganzes Wochenende, fand in einem Hotel statt und die Interessenten mussten die Kosten für Spesen und Verpflegung in Höhe von 110 Euro selbst tragen.)

Hoch motiviert fuhr ich nun als Führungskraft mit Rainers erstem Geschäftspartner auf unsere Wochenendpräsentation und am Sonntagabend hatten wir den ersten „Starter", den sogenannten „First Mover", im Team von RvM.

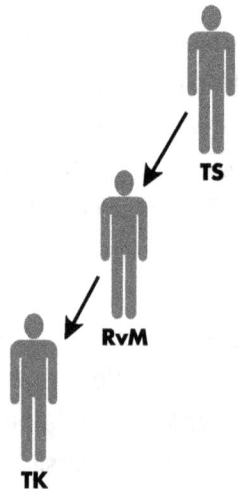

Ich telefonierte mit meinem Coach, teilte ihm mit, dass es jetzt richtig vorwärts ging, und sagte zu ihm:

Jetzt setze ich mich mit dem Tobias K. sofort ans Telefon und wir machen für ihn die ersten Termine aus, wo wir Beratungen durchführen und unsere Produkte präsentieren können.

Mein Coach lobte mich dafür und sagte dann Folgendes:

Mensch, da fällt mir gerade etwas ein. Bist du offen für etwas Außergewöhnliches und Verrücktes?

Ich sagte:

Ja, was soll das sein? Wir machen jetzt richtig Umsatz zusammen, ist doch klar!

Mein Coach sagte:

Mach doch einmal etwas, was ganz außer Plan liegt. Ignoriere komplett das Lehrbuch und vereinbare mit Tobias K. keine Termine für Produktpräsentationen.

Setz dich mit ihm hin und stelle ihm dieselbe Frage wie Rainer von Massenbach. Frage ihn, was ihm wichtiger ist:

a) Kurzfristiger aktiver Verdienst durch Produktumsatz

oder

b) mittelfristig passiver Verdienst an den Umsätzen seiner ersten Teampartner und Geschäftsaufbau?

Wenn er die passende Antwort gibt, du weißt schon, was ich meine ;-), dann schreibst du mit ihm zusammen seine persönliche Namensliste und ihr unterhaltet euch nur über Kandidaten/innen von seiner Liste, die für eine geschäftliche Zusammenarbeit infrage kommen. Wohlgemerkt, ihr sprecht nicht über Produktinteressenten, sondern ausschließlich über potenzielle Geschäftspartner!

Sie können sich meine Reaktion auf diesen Vorschlag sicherlich vorstellen. Nicht genug damit, dass ich mich um Tobias K., einen indirekten Geschäftspartner, kümmerte, jetzt sollte ich auch noch nach einer völlig anderen Strategie arbeiten.

Meine Antwort war:
Ja, aber Tobias K. braucht doch seinen ersten Umsatz, er muss sehen, dass das Geschäft für ihn funktioniert, und außerdem würden auch mir ein paar Euro Verdienst ganz gut zu Gesicht stehen. Wir machen Umsatz!
Mein Coach meinte:
Ich kann dich gut verstehen, aber schau doch, dass du als erste Amtshandlung für Tobias K. mindestens einen Geschäftspartner gewinnst und somit die Struktur in die Tiefe aufbaust. Der Umsatz kommt schon irgendwann …!

Irgendwie ließ ich mich, wenn auch zögerlich, dann doch überzeugen und stellte Tobias K. bei unserem nächsten Treffen die alles entscheidende Frage ... :-)! Und siehe da, wie auf wundersame Weise antwortete auch er mit Option zwei: Für ihn sei es wichtiger, mittelfristig passives Einkommen an und mit Geschäftspartnern zu erzielen.

BINGO ;-)!

An dieser Stelle möchte ich anmerken, dass ich bis dato gewohnt war, nur mit meinen direkten Frontline-Partnern zu arbeiten, und dachte, dass es wiederum deren Aufgabe sei, ihre „direkten Frontliner" zu betreuen. Deswegen kam es auch meistens nicht dazu, dass sich die Strukturen in die Tiefe aufbauten, weil die Direkten zwar immer motiviert waren, aber meistens gar nicht das vertriebliche Know-how und Handwerkszeug besaßen, um für ihre Direkten wiederum die ersten Partner zu gewinnen.

Wir halten also fest: Ich arbeitete jetzt sogar mit der zweiten Generation in der Tiefe, und das auch noch nach einer ganz anderen Strategie. Umsatz war nicht mehr primär wichtig, sondern nur noch sekundär. Priorität hatte erst einmal der Tiefenaufbau der Struktur!

Sie erinnern sich an die Devise meines Coaches: Umsatz kommt schon irgendwann … :-)!

Im gleichen mehrstündigen Verfahren, wie ich es mit RvM durchlaufen hatte, bewirkte ich nun mit Tobias K. die Namensliste und sprach mit ihm ausschließlich über Geschäftsaufbau und Expansion. Ich motivierte ihn auf passives Einkommen und mittelfristig darauf, als Top-Führungskraft an den Umsätzen seiner Vertriebsmannschaft zu partizipieren. Der Traum eines jeden Networkers, auch für ihn!

Auch hier schaffte ich es, nach einigen Stunden Gespräch und zugegebenermaßen durch den Konsum von mehreren Gläsern Weißbier, 15 Vorschläge für zukünftige Geschäftspartner auszuarbeiten und damit die Basis für das Team von Tobias K. zu legen. Wohlgemerkt, keine Kunden, nur potenziell geeignete Leute für unser Business!

Im Beisein von Tobias K. gelang es – wie schon bei RvM –, einige Termine für Geschäftspräsentationen verbindlich zu vereinbaren.
In unserer persönlichen Präsentation sagten dann tatsächlich zwei damals 20-jährige Burschen mit den Namen Christoph F. und Andreas M. für unser Wochenendseminar zu.

Die ersten Geschäftspartner für Tobias K. waren gewonnen, was natürlich auch Einfluss auf RvM hatte. Dadurch, dass beide neuen Partner nun ebenfalls unser Business starteten, kam so etwas wie Bewegung in die noch „jungfräuliche Vertriebsmannschaft". Ich hatte auf einmal vier junge Kerle um mich geschart, von denen „einer so hieß wie der andere aussah", damit meine ich, dass sie zwar motiviert waren, aber gar nichts konnten.

Die Bewegung, die in unserem Team zu dieser Zeit aufkam, bezeichne ich heute ganz gerne auch als Dynamik.
Ohne diese Dynamik geht aus meiner Sicht im Vertrieb gar nichts. Wer es nicht schafft, möglichst schnell ein paar Leute auf einen Haufen zu bringen und dadurch Dynamik in seinen Vertriebsstrukturen zu erzeugen, wird sich recht schnell in einem verwaltungsähnlichen Unternehmen wiederfinden, in dem die Geschäftspartner beamtenähnliche Züge annehmen.

Diese Dynamik war bei uns damals auf einmal allgegenwärtig.
Ich beglückwünschte RvM dazu, dass er jetzt schon ein kleines Team hatte, und feuerte die Jungs alle mächtig an.

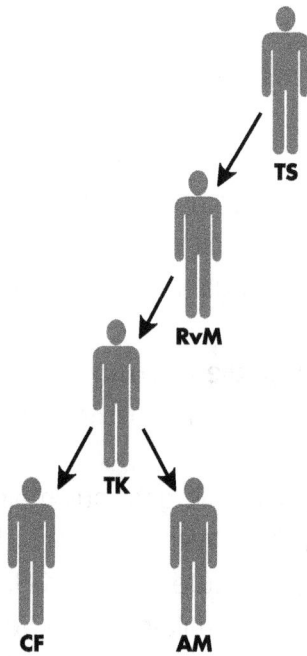

Im persönlichen Telefonat mit meinem Coach ließ ich meiner Begeisterung freien Lauf und besprach mit ihm die zukünftige Strategie.

Ich teilte ihm mit, dass auch Christoph F. und Andreas M., die ersten Partner von Tobias K., das Geschäft starten wollten, und war ganz gespannt, was er vorzuschlagen hatte!

Er sagte: *Super!*

Ich sagte:

Mensch, was meinst du, um wen von den Jungs soll ich mich jetzt kümmern, mit wem soll ich nun Umsatz machen?

Seine Antwort war:

Wieso Umsatz? Mach doch weiter wie bisher!

Ich fragte:

Wie meinst du das?

Er meinte:

Genauso, wie ich es sage! Kannst du den Christoph F. und den Andreas M. gut leiden?

Ja, sagte ich.

Er fragte:

Und wen von den Jungs magst du lieber, mit wem kommst du besser zurecht?

Meine Antwort:

Na ja, mit dem Christoph F., der ist irgendwie kooperativer und kommunikativer!

Super, meinte mein Coach, *dann setz dich doch mit dem Christoph F. zusammen, wenn es ein muss auch bei einer ganzen Kiste Weißbier, schreib mit ihm seine persönliche Namensliste und stelle ihm schon die ersten Geschäftspartner ein!*

Jetzt verstand ich die Welt nicht mehr. Sie können sich sicher vorstellen, dass ich nicht nur Bedenken hatte, sondern dass ich regelrecht dagegen war, mit Christoph F. so zu arbeiten.

Ich sagte:
Also nein, das mache ich nicht, ich will endlich Umsatz schreiben und Termine für Produktpräsentationen vereinbaren.
Außerdem ist der Christoph F. nicht einmal mehr indirekt zu mir strukturiert, sondern schon in der dritten Generation. Das ist nicht mehr mein Aufgabenbereich, mich um den Strukturaufbau dieses Partners zu kümmern. Das sollen von RvM oder Tobias K. machen!
Mein Coach meinte:
Sicherlich hast du recht mit dem, was du sagst, denk doch aber bitte einfach einmal kurz nach …!
Rein faktisch gesehen wären natürlich RvM oder Tobias K. für die neuen Jungs verantwortlich, aber sind wir doch einmal ehrlich! Die sind doch noch gar nicht fähig, diesen Job als Führungskräfte zu übernehmen, und außerdem ist es doch für dich total gleich. Egal wer den Umsatz produziert, du wirst die gleiche Differenzprovision verdienen.
Also, sei doch einmal stark, sei doch einmal verrückt und zieh dir richtig Arbeit auf den Tisch. Setz dich mit dem Christoph F. zusammen und schreib mit ihm die Namensliste. Dann hockt euch hin, terminiert

die ersten Kandidaten fürs Geschäft und du sponserst ihm den ersten Geschäftspartner aus seiner Namensliste in die Tiefe.

Versuche als Krönung deiner Arbeit auch noch die vierte Generation in die Tiefe zu bauen. Das hast du zwar noch nie gemacht und auch noch nie hinbekommen, aber wenn das glückt, dann hast du innerhalb kürzester Zeit schon eine richtige Struktur gebaut. Die ist zwar noch umsatzlos, aber vertrau mir, das bekommst du schon hin.

Was soll ich Ihnen sagen?
Ich habe tatsächlich auch dieses Mal meinem Mentor vertraut und habe zusammen mit dem Kollegen Christoph F. die Namensliste geschrieben.

Ich kann nur sagen, dass er mit Sicherheit die größte Mühe von allen gemacht hat, denn er war am Anfang gar nicht kooperativ und hatte auch vielerlei Bedenken etc. Er war also, was die Führbarkeit angeht, der Albtraum einer jeden Führungskraft, aber irgendwie haben wir es dann doch zusammen hinbekommen. Der zeitliche Aufwand war bei Weitem größer als bei RvM und bei Tobias K. und ich bin mit Sicherheit in diesen Gesprächen auch etwas schneller gealtert.
Aber es hat sich gelohnt.

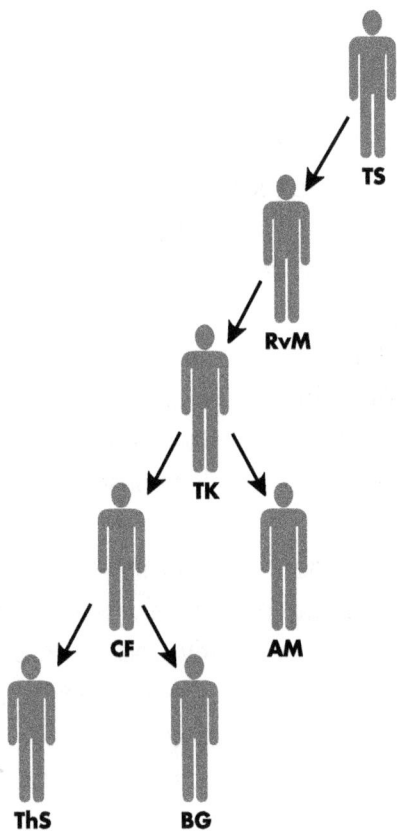

Ich habe mit ihm genau nach derselben Methode wie bei den anderen Kollegen aus seiner persönlichen Namensliste 15 Vorschläge für neue Geschäftspartner herausgearbeitet und aus den daraus entstandenen Terminen wieder zwei Kollegen für ihn als seine ersten Partner gewinnen können. Die Namen der Jungs: Thomas S. und Bastian G.

Genau zu diesem Zeitpunkt, ungefähr sechs Wochen nach RvMs Geschäftsstart, bestand seine Struktur nun aus sage und schreibe fünf Geschäftspartnern und genau an dem Abend, als ich zusammen mit Thomas S. und Bastian G. von unserer Geschäftspräsentation zurückkam, erreichte mich ein geschichtsträchtiger Anruf!

Als ich abhob, hörte ich Folgendes:
Hallo, Herr Schlosser, Tobias K. ist am Apparat. Ich hätte da jemanden aus der Familie, der gerne eine Beratung hätte und sich für unsere Produkte interessiert. Wann hätten Sie Zeit, mich bei diesem Termin zu unterstützen?

Da war er, der historische erste Termin, bei dem es um Umsatz ging. Zufälligerweise hatte ich am selben Abend Zeit und fuhr mit RvMs erstem Mitarbeiter zu dem Kundengespräch.

Das Ergebnis war positiv. Wir hatten den ersten Antrag für Tobias K. in der Tasche und damit war der erste Umsatz in der Struktur von Massenbach geschrieben! Perfekt!

Das, was jetzt passierte, kann man mit Worten schwer beschreiben. Ich kann Ihnen nur aus vollem Herzen wünschen, dass Sie so etwas einmal selbst erleben.

Als wir am nächsten Nachmittag zusammen im Büro ankamen, gratulierte ich natürlich Tobias K. überschwänglich und vor versammelter Vertriebsmannschaft zu seinem ersten Geschäft und lobte ihn.

Auch RvM, der das Ganze aus einiger Entfernung mitverfolgte, gratulierte ich von Herzen. Ich sagte: *Herzlichen Glückwunsch, Rainer, der erste Umsatz, der in deiner Downline generiert wurde, super gemacht!*

Dann wendete ich mich gleich wieder Tobias K. zu, der durch seinen ersten Erfolg so motiviert war, dass er schon wieder telefonierte und einen zweiten Termin vereinbarte.

Jetzt nahm unser „Vertriebszug" so richtig Fahrt auf und durch den Erfolg von Tobias K. waren auch alle anderen bestrebt, Beratungstermine zu vereinbaren. Außer RvM, der es unter uns gesagt am dringendsten nötig gehabt hätte, denn er hatte ja seinen Eigenumsatz noch nicht bewältigt!

Wahrscheinlich bemerkte er auf einmal, dass er nicht mehr die „Nummer eins" war, da ich mich nun intensiv mit Tobias K. beschäftigte.

K. und ich hatten schon am nächsten Tag einen weiteren Termin und waren auch dieses Mal erfolgreich. Wir schrieben erneut Umsatz. Ein super Erfolg!

Zurück im Büro, beglückwünschte ich Tobias K. wiederum zu seinem Umsatz und wollte nun eigentlich auch RvM richtig motivieren. Ich wollte ihm die Augen öffnen und ihm sagen, dass er sich ans Telefon setzen müsse, um Termine zu vereinbaren. Er sollte Eigenumsatz schreiben, um an der Arbeit und am Umsatz seiner Geschäftspartner zu partizipieren, denn im Moment waren zwar alle inklusive Tobias K. seine Geschäftspartner, aber er verdiente nicht an Ihnen. Verdient habe nur ich!

Ich war schon kurz davor, ihm motivierende und aufmunternde Worte um die „Ohren zu hauen", da hatte ich plötzlich intuitiv eine andere Idee. Planänderung!

Ich bat ihn zu mir, machte uns beiden eine Tasse Kaffee und sagte zu ihm Folgendes:

Mensch, Rainer, Glückwunsch! Dein Partner, der Tobi K., ist ein richtig guter Typ, das ist eine Granate, der hat Potenzial. Übrigens, was dich betrifft, lass dir ruhig noch Zeit mit deinem Eigenumsatz :-)! Du bist ja wahrscheinlich nicht des Geldes wegen hier. Du bist ja adlig, aber ich bin Ossi, ich kann jeden Euro gebrauchen. Im Moment verdiene ich ja die komplette Differenzprovision, weil du deinen Eigenumsatz noch nicht bewältigt hast. Danke dir dafür :-)!

Mit einem breiten Grinsen beendete ich unsere kurze Unterhaltung und ab diesem Moment war nichts mehr, wie es vorher war.

Ich glaube, diese Ansage verfehlte ihre Wirkung nicht.

Nur kurz zur Erklärung, eigentlich hatte ich ja vorgehabt, ihm zu sagen: „Mensch, Rainer, wach doch auf. Mach doch, tu doch, du verlierst Geld, du musst unbedingt Termine machen." Doch ich tat es nicht. Wie gesagt, ich tat genau das Gegenteil und sagte nur:

LASS DIR DOCH ZEIT … ;-)! Ich kann jeden Euro gut gebrauchen.

Nach unserem Gespräch kümmerte ich mich weiter intensiv um seine Geschäftspartner und gab richtig Gas mit denen. Der Kollege Thomas S. war nun der zweite in Rainers Struktur, der Umsatz vermittelte, und Rainer merkte irgendwie von selbst, dass er etwas tun musste, ihm war klar, dass da etwas „im Gange" war! Ich glaube, er spürte zu diesem Zeitpunkt den sprichwörtlichen „kalten Atem im Nacken!" oder besser noch, er spürte die „Flamme" beziehungsweise die „Kerze unter seinem Arsch"!

Da ich ausschließlich mit seinen Geschäftspartnern arbeitete und mit ihnen auf Termine fuhr, hatte ich viel weniger Zeit für ihn. Dadurch entwickelte sich vermutlich auf seiner Seite so etwas wie „geschäftliche Eifersucht" auf Tobias K.

Ich vergleiche es gerne mit der Partnerschaft zwischen Mann und Frau. Sobald der Partner einmal einem anderen tollen Mädel oder Typen hinterherflirtet, gehen doch bei uns alle Alarmglocken an und wir versuchen mit allen Mitteln, wieder in der Gunst des Partners ganz oben zu stehen. Wir machen uns schick, gehen zum Sport und zeigen uns von der besten Seite, nur um wieder die „Nummer eins" unseres Partners zu sein oder seine Gunst zurückzuerobern. Oder so ähnlich … ;-)!

Dieses Prinzip funktioniert nicht nur im Privaten, sondern ebenfalls in der Führung von Geschäftspartnern. Man nennt es auch „Liebesentzug".

Rainer hat sich zwar nicht schick gemacht und ist auch nicht zum Sport gegangen, aber er ist zumindest aktiv geworden. Genauso wie jeder Mensch in solch einer Situation aktiv wird, vorausgesetzt, er hat zumindest einen kleinen Funken Ego in sich!

Glücklicherweise haben alle Menschen Ego, auch die, die von sich behaupten, dass dieses Thema bei ihnen überhaupt keine Rolle spielt.

Wie von Geisterhand gesteuert, hat er angefangen zu telefonieren, obwohl ich ihn nicht dazu gedrängt habe. Ich habe ihn auch nicht mehr motiviert. Ich habe nur immer wieder zu ihm gesagt:

Lass dir ruhig Zeit ... ;-)

Er vereinbarte Termine mit Leuten, bei denen einige Tage zuvor noch keine Chance bestanden hatte, auch nur in die Nähe des Tisches zu kommen.

Die Krönung jedoch war, dass er tatsächlich auch Umsatz machte. Ganz allein und ohne meine Hilfe!

Für mich ist diese Situation ein schönes Beispiel, um folgende Metapher zu erklären:

Die Kerze unterm Arsch bewirkt mehr als der Flammenwerfer im Gesicht.

Sind wir doch einmal ehrlich. Genauso wie Sie Ihre neuen Partner motivieren, etwas zu tun, habe ich die meisten meiner neuen, direkten Partner anfangs motiviert. Ich habe sie angefleht, ich habe sie besprochen, ich habe versucht, sie mit allen Mittel der Kunst zu überzeugen, ich habe ihnen die Zunge ins linke Ohr gesteckt, sodass sie zum rechten Ohr wieder herauskam.

Ergebnis: Nichts ist passiert, aber auch gar nichts! Ich habe ihnen quasi immer nur den Flammenwerfer ins Gesicht gehalten, anstatt eine kleine Kerze unter ihrem Hintern anzuzünden!

Sie merken vielleicht an dieser Stelle schon, worauf ich hinauswill. Wer bereits einige Zeit in der Branche tätig ist, wird wissen, dass viele Networker, genau wie damals RvM, nicht von selbst mit der Arbeit loslegen und tatsächlich auch produktiv werden.

Erst als die kleine Kerze unter seinem Allerwertesten etwas größer wurde, als er merkte, dass er unter Umständen etwas verliert, nämlich Differenzprovision, und als er merkte, dass er nicht der Nabel der Welt war, weil es da noch andere tolle Typen gab, nämlich Tobias K., Thomas S. und Co., erst dann wurde ihm klar, dass er aufwachen musste, und fing an, sich geschäftlich zu bewegen.

Die Angst vor Verlust ist größer als die Motivation auf Gewinn.

Er ist aktiv geworden und in den Wettbewerb eingetreten, weil die kleine Flamme schon zu einem richtigen Feuer geworden war, welches ich als seine Führungskraft nach Kräften nährte.

Im Nachhinein und anhand dieses Beispiels möchte ich noch einmal an den guten alten Spruch „Die Angst vor Verlust ist größer als die Motivation auf Gewinn" erinnern. Ich kann Sie nur ermutigen: Sorgen Sie als Führungskraft dafür, dass Ihre neuen Partner nicht so schnell wieder aufhören, weil sie etwas zu verlieren haben. Sorgen Sie für die „Tiefenduplikation"!
Durch den Aufbau von Strukturen in die Tiefe tun Sie Ihren neuen Partnern und nachhaltig sich selbst den größten Gefallen. Sie sorgen für eine bessere Reputation Ihrer persönlichen Arbeitskraft, stärken nachhaltig die Stabilität Ihrer Downline und verringern so die Fluktuation in der Network-Industrie. Das wiederum trägt zu einem viel besseren Image der Branche bei, weil weniger Leute draußen unterwegs sind, für die dieses Geschäft nicht befriedigend funktioniert hat.

Bei RvM tat sich in den nächsten Wochen Erstaunliches. Es entstand ein positiver Wettbewerb unter allen Teammitgliedern, RvM bewältigte mit Bravour und auch in relativ kurzer Zeit sein Eigenumsatzvolumen, und es wurden von allen Mitgliedern seines Teams neue Geschäftspartner gewonnen.

Er war innerhalb kürzester Zeit nicht nur von der Strukturfolge her, sondern auch von seinem Tätigkeitsfeld zur Führungskraft geworden und musste nun selbst Verantwortung übernehmen.

Er war quasi im positiven Sinne gezwungen, sich als Persönlichkeit zu entwickeln, weil er ständig von seinen Teampartnern gefordert wurde. Solch eine Persönlichkeitsentwicklung kann man übrigens niemals alleine durch Ausbildung und Schulung erreichen, sie entsteht nur durch die Aufgaben im Tagesgeschäft, an denen man in der Praxis wächst.

Er machte alsbald Terminbegleitungen, eigene Meetings und entwickelte sich innerhalb kürzester Zeit zur Top-Führungskraft und meiner umsatzstärksten Struktur. Das Ende vom Lied war, dass er in Spitzenzeiten 80 Prozent meines Gesamtumsatzes bewirkte und dass ich mir mit ihm selbst eine „Kerze unter den Popo gesetzt" hatte, die mich jeden Tag früh aus den Federn trieb und die mehr bewirkte als zehn „Flammenwerfer im Gesicht" :-)!

Ich hatte mir mit dem anfänglichen Aufbau seiner Struktur also selbst den größten Gefallen getan!!!

Nachwort / Zusammenfassung

Diese kleine Erfolgsgeschichte soll deutlich machen, wie das Thema „Tiefenduplikation" in der Praxis tatsächlich funktioniert und wie es im Vertriebsalltag umgesetzt werden kann. Das Schöne an diesem Beispiel ist, dass ich persönlich dabei war und die Entwicklung einer dynamischen Vetriebszelle mitverfolgen durfte. Diese hätte es wahrscheinlich so nie gegeben, wenn ich nicht konsequent mit den Partnern von RvM in die Tiefe gearbeitet hätte.

An dieser Stelle noch einmal in Kurzform der Einarbeitungsleitfaden zum Tiefenaufbau Ihrer Struktur:

1) Nimm dir deinen neuen Partner an die Hand, trink mit ihm ein gutes Glas Rotwein und hilf ihm, seine persönliche Namensliste zu schreiben.

2) Sponsere du ihm aus seiner Namensliste den ersten Teampartner ins Geschäft.

3) Danach setz dich mit diesem ersten Teampartner (wenn auch nicht direkt zu dir) hin, trink mit ihm ein gutes Glas Rotwein und hilf ihm, seine persönliche Namensliste zu schreiben.

4) Wenn das getan ist, sponsere auch diesem Kollegen/dieser Kollegin den ersten Teampartner ins Geschäft.

5) Ist das geschafft, hole kurz Luft und setze dich umgehend auch mit diesem neuen Partner zusammen. Hilf ihm dabei, die persönliche Namensliste zu schreiben, und sorge dafür, dass auch er mit deiner Hilfe seinen ersten Teampartner gewinnt.

6) Du bist jetzt in Ebene Nummer 4 und hast einen gigantischen Einarbeitungsjob hingelegt. Entscheide selbst, ob du nun nach dieser Strategie in die Tiefe weiterbaust oder dich um den Aufbau deiner nächsten „direkten Struktur" nach selbiger Methode kümmerst!

Die umgangssprachliche Kurzfassung dieser Vorgehensweise lautet:

Setz einen drunter, setz einen drunter, setz einen drunter, setz einen drunter :-)!

- Übernimm als Coach oder Führungskraft die volle Verantwortung für die Einarbeitung deiner neuen Partner!

- Was noch viel wichtiger ist: Übernimm ab heute auch die Verantwortung für die Einarbeitung der indirekten Leute und der ersten Teampartner!

- Mach das Thema „Erstellen der persönlichen Namensliste" zur Chefsache. In der Liste steckt das größte Potenzial an neuen Teampartnern!

- Schau, dass du Schub von unten erzeugst. Mach das so lange, bis eine/r in der Strukturfolge zündet (erst wenn der „First Mover" da ist, entsteht Dynamik), ab dann wird alles einfacher!

- Entzünde eine kleine Kerze unter dem A. ;-) deiner neuen Partner und mache sie zu einem großen Feuer! Sorge dafür, dass deine neuen Partner innerhalb kürzester Zeit etwas zu verlieren haben. Nämlich eine Downline!

In diesem Sinne wünsche ich Ihnen von Herzen maximale Erfolge und verbleibe mit kontaktstarken Grüßen

Ihr REKRU-Tier
Tobias Schlosser

Mehr Erfolg ...

... mit den Tools
aus unserer Trickkiste!

Direktkontakt-Profis
aus Leidenschaft ...

Direktkontakt ist eigentlich die natürlichste Art der Kontaktaufnahme von Mensch zu Mensch. Doch warum fällt uns dieser Weg heutzutage so schwer, warum schaffen es nur so wenige, ein großes Network-Marketing aufzubauen?

REKRU-TIER beschäftigt sich seit vielen Jahren mit den Themen **Direktkontakt, Fremdkontakt und Direct Recruiting,** insbesondere **für MLM und Strukturvertriebe.** Ihr Wissen aus über 80 000 Direktkontakten geben die Trainer Rainer Freiherr von Massenbach und Tobias Schlosser in **Workshops, Schulungen / Seminaren** und in ihren **Büchern** weiter.

Die **REKRU-TIER-Methode** begeistert und erweist sich immer wieder als ein unschlagbares Erfolgskonzept.

... unterstützen Sie
beim Aufbau Ihres
Kontaktnetzwerks

„Sie treffen mit Ihren Buch- und Seminarinhalten den berühmten ‚Nagel auf den Kopf'."

„Ich bin nun seit 30 Jahren aktiv im Vertrieb, Marketing und im Sales-Management vieler internationaler Großkonzerne und habe schon viele Seminare erlebt. Was aber Sie geliefert haben, hat in puncto Praxisbezug, Authentizität und Realität meine Erwartungen bei Weitem übertroffen."

„Man hat Ihnen in jeder Sekunde Ihr Engagement und Ihren Spaß angemerkt, was den Tag noch lebhafter und interessanter machte."

„Ein klasse Seminar. So viele tolle Beispiele und ‚gelebte' Erfahrungen."

„Was ihr beide da auf die Füße gestellt habt, ist der beste Beweis dafür, dass es nix Größeres gibt als eine Idee, deren Zeit gekommen ist."

(Kundenstimmen zu **REKRU-TIER)**

Informieren Sie sich noch heute unter
WWW.REKRUTIER.DE

Networker ohne Vertriebspartner?

Das A und O für jeden erfolgreichen Networker ist es, ein großes Team aufzubauen. In der Praxis oft gar keine so einfache Aufgabe: Wie und wo finde ich die richtigen Leute?

REKRU-TIER hat die besten Ideen dazu für Sie gesammelt und niedergeschrieben.

Sie erhalten komplett kostenlos alle drei Tage per E-Mail einen Tipp, wo / wie und in welcher Situation Sie an neue Geschäftspartner kommen.

Garantiert ist für jeden Networkertyp der ideale Ansatz dabei! Sie brauchen die Ideen nur noch umzusetzen …

Mit uns und unseren Gratistipps kein Thema!

99
TIPPS

WIE SIE AN NEUE GESCHÄFTSPARTNER FÜR IHR MLM KOMMEN

Melden Sie sich an unter

WWW.99SPONSORTIPPS.DE

Bibliografische Information der Deutschen Nationalbibliothek:
Die Deutsche Nationalbibliothek verzeichnet diese Publikation
in der Deutschen Nationalbibliografie; detaillierte bibliografische Daten sind im Internet abrufbar über
http://dnb.d-nb.de

ISBN 978-3-941412-32-3

Impressum:

Verlag:
REKRU-TIER GmbH, München
www.rekrutier.de

Autor: Tobias Schlosser
Covergestaltung: REKRU-TIER GmbH, München
Lektorat: Ute König, Kitzingen, und Bernhard Edlmann,
Raubling
Innenlayout und Satz: Bernhard Edlmann Verlagsdienst-
leistungen, Raubling

2. Auflage